Möbel aus Kastanienholz

Esskastanien richtig aufbereiten

Sie können die Esskastanien in einem Topf mit leicht gesalzenem Wasser eine Viertelstunde lang **kochen**, dann die Kastanien abseihen, etwas warten und in heißem Zustand abschälen. Die Industrie wählt diesen Weg für die Massenproduktion.
Andere verwenden die **Mikrowelle:** Die Esskastanien in eine mikrowellengeeignete Plastikschüssel mit etwas Wasser geben, mit einem Deckel verschließen und bei 700 Watt zwei Minuten erhitzen.
Üblicher ist der Einsatz des **Backofens:** Die Esskastanien auf ein Blech legen und 20–25 Minuten bei 200 Grad Ober- und Unterhitze backen. Gegen ein Austrocknen wird eine hitzebeständige Schale mit Wasser auf den Boden des Backofens gestellt. Die Kastanienschalen verfärben sich dunkel, wenn sie fertig gebraten sind.
Zum Rösten der Maronen eignet sich am besten eine **Pfanne** mit Deckel. Ohne Fett, bei mittlerer Hitze und geschlossenem Deckel 20 Minuten braten lassen, zwischendurch wenden. Die Profis auf den Kastanienfesten rösten offen, aber dafür deutlich länger. Sie sehen an der Verfärbung der Schalen und deren Aufplatzen, wenn sie fertig geröstet sind.

Es gibt spezielle **Öfen** zum Rösten der Kastanien. Wir sehen sie auf den Verkaufsständen im Winter. Zuhause könnten Sie dazu die **Ofenplatte** mit hoher Temperatur einsetzen.

Vor der Aufbereitung müssen die Esskastanien jedoch am höchsten Punkt mit einem scharfen Messer kreuzförmig eingeritzt werden. Dies verhindert das Platzen der Nüsse durch die Hitze.

Solange die Maronen noch **warm** sind, lässt sich die Schale am besten entfernen – entweder mit den Fingern oder vorsichtig mit einem kleinen, stumpfen Messer.
Sie können die Esskastanie in geschältem Zustand auch **einfrieren.** Selbst durch **Trocknen** werden Kastanien bis zu 6 Monate länger haltbar: Legen Sie die geschälten Nüsse auf ein Blech und stellen Sie es für zwei Wochen an einen warmen, trocknen Ort. Die Nüsse sollen jeden Tag gewendet werden, sonst droht Schimmel.

Es gibt sogar Verfechter des Genusses der Esskastanien in **roher** Form. Sie sind auch roh nicht giftig oder schädlich, allerdings wegen ihres hohen Stärkeanteils schwerer verdaulich. Wenn sie aber einige Tage trocken gelagert werden, wandelt sich die Stärke in verdaulichen Zucker um. Sie lassen sich dann auch leichter schälen. Rohe Esskastanien werden aber nie so süß wie gekochte oder geröstete. Dafür bieten sie einen

nussigeren Geschmack. Alle Vitamine, Enzyme und Mineralstoffe sind vollständig erhalten, auch viel Tanninsäure. Sie werden deshalb kleingehackt im Müsli sehr geschätzt. Ein zweistündiges kaltes Wasserbad hilft als Alternative, das Schälen roher Esskastanien zu erleichtern. Dann findet kaum die Umwandlung der Stärke in Zucker statt.

Empfehlung: Erst mit dem Rösten entfalten die Esskastanien ihre vollen Aromen und lassen sich am besten verdauen.

Qualitätscheck

Achten Sie auf kleine Löcher in der Schale. Sie verraten Wurmbefall und diese Kastanien sollten nicht gekauft werden. Wenn Esskastanien schön glänzen und sich in der Hand schwer anfühlen, sind sie gesund und lecker. In ausgetrocknetem Zustand wirken sie leicht. Manche verzichten dann auf die Aufbereitung. Werden ausgetrocknete Kastanien in ein Wasserbad gelegt, schwimmen sie oben auf.

Lagerung

Ungeschälte Maronen an einem dunklen kühlen Ort aufbewahren wie z.B. Keller oder Dachboden. Im Kühlschrank halten sie in einer Papiertüte oder in einem gelöcherten Plastiksäckchen bis zu 4 Wochen. Bei einer Lagerung bei Zimmertemperatur sollten rohe Maronen binnen einer Woche aufbereitet und verzehrt werden.

Essbereite Kastanien

Beste Ernährung mit Esskastanien

Die Edelkastanie ernährte mit ihren Nüssen bis 1800 nicht nur ganze Landstriche – teilweise sogar als Grundnahrungsmittel („Brot der Armen") –, sie erfüllte diese Aufgabe auch noch mit Bravour: Esskastanien enthalten alle wichtigen Nährstoffe bis hin zu Vitaminen und Mineralstoffen (s.S. 23). Im Gegensatz zu anderen Nüssen fehlt aber pflanzliches Fett, wodurch die Vollernährten schlank bleiben. Mit dem hohen Vitamin-C-Gehalt fördern Esskastanien das Immunsystem und senken das Gesamt-Cholesterin sowie das schlechte LDL-Cholesterin. Auch die mehrfach ungesättigten Fettsäuren tragen dazu bei. Die hohen Kohlenhydratanteile, Saccharose (Zucker) und Stärke sättigen nachhaltig, verleihen Kraft und Energie, gerade bei Kopfarbeit, so wie wir es von anderen Nüssen kennen. Dabei steigt der Blutzuckerspiegel nur langsam, aber sukzessive an. Die B-Vitamine stärken die Nerven und fördern die Bildung des Glückshormons Serotonin im Gehirn. Selbst die Leber wird bei der Entgiftung unterstützt.

Esskastanien bieten ein hohes antioxidatives Potenzial und wirken Entzündungen im Körper entgegen, sodass das Krebsrisiko sinkt und vorzeitige Hautalterung verzögert (das Bindegewebe gestrafft) wird. Das Herz wird geschützt durch Senkung des Blutdrucks. Herzrythmusstörungen wird entgegengewirkt. Schlaganfälle werden seltener, Arteriosklerose verhindert. Es fehlen Toxine (v.a. in Brust, Darm und Leber). Die **Glutenfreiheit** kommt Menschen mit Zöliakie sehr entgegen. Es finden sich kaum Allergene. Auch Diabetiker profitieren von der Ernährung mit Esskastanien.

Kalzium und Phosphor sorgen für starke Knochen und gesunde Zähne, wobei die Einlagerung von Kalzium durch das Kalium verbessert wird: Das Kalium bindet Kalzium im Knochengewebe. In dieser Kombination wirkt es auch muskelstärkend und krampflindernd. Als Antagonist von Natrium sorgt Kalium dafür, dass das Zuviel an Natrium (Salz) im Körper verstärkt über die Harnwege ausgeschieden wird. Kalium neutralisiert zudem überschüssige Säuren im Körper.

Als Snack zwischendurch lassen Esskastanien widerstandsfähig gegen Stress und nervöse Erschöpfung werden. Die **nervenstärkende Wirkung** erfordert aber regelmäßige Ernährung mit Edelkastanien; ebenso für die Behandlung rheumatischer Erkrankungen. Da Edelkastanien basisch sind, eignen sie sich ideal für eine basische Ernährungsweise, wirken also einer Übersäuerung entgegen.

Durch den **hohen Kaloriengehalt** (100 g Maronen liefern 220 Kalorien) sollen Esskastanien eine Mahlzeit ersetzen und nicht zusätzlich gegessen werden. Ihre leichte Verdaulichkeit (wenn geröstet) wirkt Völlegefühl entgegen und lässt leichter einschlafen. Dafür sorgt die Aminosäure Tryptophan, die entspannt.

Inhaltsstoffe der Früchte

je 100g essbarer Teil

Inhaltsstoff	frisch	getrocknet
Wasser (g)	50–63	11
Stärke (g)	23–27	41,7
Zucker (v.a. Suc) (g)	3,6–5,8	16,1
Nahrungsfasern (g)	8,2–8,4	13,8
Proteine (g)	2,5–5,7	6
Fett (g)	1,0–2,2	3,4
Vitamin A (mg)	12	k.A.
Vitamin B_1 (mg)	0,1–0,2	0,2
Vitamin B_2 (mg)	0,2–0,3	0,4
Vitamin C (mg)	6–23	k.A.
Niacin (mg)	1,1	2,1
Kalium (mg)	395–707	738
Phosphor (mg)	70	131
Magnesium (mg)	31-65	k.A.
Schwefel (mg)	48	126
Calcium (mg)	18-38	56

Waschen mit Kastanien

Ross- und Edelkastanien eignen sich wegen ihrer Saporine als Waschmittel (Waschkastanien). 6–8 abgeschälte Früchte stark zerkleinern/pürieren, mit Wasser ansetzen und mindestens 2 Stunden ziehen lassen. Dieser Brei wird abgeseiht und anstelle des Waschmittels in die Waschmaschine gegeben. Wegen eines Grauschleiers nach mehreren Waschgängen allerdings nur für Buntwäsche geeignet. Auch hartnäckige Flecken bleiben.

XXI. 5.

34. Cupuliferae.

159. Castanea vulgaris Lamarque. Kastanie.

Die Esskastanie als Heilpflanze

Im vorangegangenen Kapitel finden sich viele heilende Aspekte durch die Ernährung mit Esskastanien bzw. es entstehen viele Krankheiten bei regelmäßigem Genuss erst gar nicht, z.B. Cellulitis. Die Heilpflanze kommt bei bestimmten Leiden ins Spiel, wenn Esskastanien nur hin und wieder gegessen werden oder äußerliche Anwendungen nötig sind, wobei Blätter, Rinde, Blüten und Nussschalen der Edelkastanie ebenso herangezogen werden (z.B. um Blutungen zu stoppen oder die Wundheilung zu beschleunigen). Als Medizin dienen Esskastanien auch bei akuten Problemen wie Blähungen, Magenschmerzen, Sodbrennen, Völlegefühl oder Reizungen der Magenschleimhaut. Hier wird ein Brei aus Kastanien zubereitet, vermischt mit Süßholz, Engelsüß und Dinkelmehl (in Naturkostläden zu kaufen). Bei Osteoporose sollte die Ernährung mit Kastanien verstärkt werden.

Die Esskastanie wurde als „Apotheke der Bergbauern“ bezeichnet: Ein Tee aus den Blättern hilft gegen Entzündungen von Mund, Rachen, Mandeln und Hals, aber auch bei Husten, Bronchitis und „verlorener“ Stimme. Selbst die Blätter enthalten Ascorbinsäure, Flavonoide und sehr viel Gerbstoff. Diese wirken entzündungshemmend, krebshemmend und zusammenziehend. Sie werden für Beinbeschwerden, Durchblutungsstörungen und selbst bei Durchfall verwendet. Für Rheuma-Geplagte

dient ein Auszug der Blätter als Dampfbad oder Saunaaufguss.
Die Edelkastanie wirkt adstringierend, magenwirksam, mineralisierend, sedativ und tonisch. Viele Heilwirkungen kommen von ihrem hohen Gerbstoffgehalt (Ellagitannine), sodass die Edelkastanie selbst bei Schuppen empfohlen wird. Die Nüsse beseitigen Fieber, Infektionen, Nierenerkrankungen, Übelkeit, Muskelschmerzen und Gelenkentzündungen. Sie werden auch bei Asthenie (generelle Schwäche) eingesetzt. Diabetiker nehmen Maronenextrakte ein. Sie kommen auch bei Hautkrankheiten aufgrund von zu starker UV-Einstrahlung zum Einsatz. Die Flavonoide Quercetin und Rutin wirken als „Mikrobenkiller", pathogene Pilze miteingeschlossen.

Hildegard von Bingen empfahl gebratene Esskastanien bei Milzschmerzen, Gehirnleere, Herzschwäche und Gicht. Sie war eine Verehrerin der Edelkastanie: Ein Stock aus Kastanienholz wärme die Hand, wodurch Venen und Körperkräfte gestärkt würden. Allein der Duft des Kastanienholzes „trägt dem Gehirn Gesundheit ein".

Auch die Tiermedizin greift auf Esskastanien bei Krankheiten und Seuchen zurück. In der heutigen Humanmedizin spielt die Kastanie leider kaum mehr eine Rolle und findet sich nur noch in Tees und Bachblüten (Sweet Chestnut).

Gesammelte Pflanzenteile der Edelkastanie dürfen NICHT in EISENHALTIGEN Gefäßen aufbewahrt werden.

18MA
FESTA DEL
MARRONE
DI SAN ZENO
DOP
S. ZENO DI MONTAGNA (VR)
WWW.MARRONEDISANZENO.IT

Kastanienfeste

In Südtirol und dem übrigen Italien (z.B. Parma, Cuneo oder San Mauro in Saline) sowie in Frankreich und Spanien wird die Tradition spezieller Feste rund um die Esskastanie gepflegt, vermutlich auch aus Dankbarkeit der „Ernährerin des Volkes" in schwierigen Zeiten. Sie sind zugleich Ausdruck einer vielfältigen Ernährungskultur rund um die Kastanie, die sich bis heute nicht nur erhalten hat, sondern auch neue Ausdruckmittel und Verfeinerungen erfährt, wie z.B. ein Kastanienbier. Zusätzlich finden sich auf diesen Festen auch andere regionale Produkte wie z.B. Trüffel. Sogar Kastanienköniginnen werden dort gewählt. Erst allmählich finden Touristen auf die Kastanienfeste, die sich hinter lokalen Bezeichnungen wie Keschte (Südtirol und Pfalz), Cheschtene, Cheste (nahe engl.: chestnut) oder Köschte verbergen. Eindeutig ist hingegen eine **„Festa del Marrone"**, die in **St. Zeno di Montagna** über dem Gardasee Ende Oktober besucht werden kann.

Weitere Eindrücke stammen vom **Keschtnriggl-Fest** in Völlan/Südtirol. Der Keschtnriggl ist ein Gebinde der Bauern (aus Kastanienholz und Haselstaude), um die gerösteten Kastanien einzusammeln und durch Schütteln von ihrer Schale zu befreien.

TARTUFI FRESCHI DEL MONTE BALDO
CASTAGNE DEL MONTE BALDO
Sacco calibro EXTRA 28 da 5 kg 25,00 € (5,00 € al kg)
Sacco calibro EXTRA 28 da 3 kg 17,00 € (5,66 € al kg)
Sacco calibro 25-28 da 5 kg 20,00 € (4,00 € al kg)
Sacco calibro 25-28 da 3 kg 13,00 € (4,33 € al kg)
MARRONI BRUSTOLE' 4,00 €
BIRRA CASTANEA in bicchiere 2,50 €
BIRRA CASTANEA in bottiglia 0,75ml 8,50 €
Casera
Formaggi per tradizione
Mr. Tal
Il Taleggio
STRACCHINO NOSTRANO MONTE BRONZONE
Strachitunt

San Zeno

AGRARIO DEL
nordest.it
LA CASTAGNA
SCUOLA MEDIA
SAN ZENO
Castanea
Castanea
Castanea
Castanea
Castanea
Sbrisolona

Keschtnrigglfest Völlan

Der Keschtnriggl

In Völlan findet sich auch ein Kastanienerlebnisweg.

Aus der Tradition entstanden & neu entdeckt

Da sich frisch geröstete Kastanien nicht lange halten, haben sich in Italien glacierte Maronen einen eigenen Markt erobert. Die Zuckerglasur konserviert für viele Wochen. Eine regelrechte Industrie versorgt Konditoren mit eingefrorenen, geschälten Nüssen, die aus der Esskastanie lokale Spezialitäten wie z.B. Kastanienpralinen und Kastanienherzen fertigen. Rohe Kastanien werden im großen Stil zu Mehl verarbeitet und dienen so zum Backen von Kastanienbrot – meist ergänzt um Stücke von Esskastanien. Wegen des fehlenden Glutens muss ein normales Mehl beigemischt werden, wenn es zum Backen verwendet wird. Berühmt sind auch Kastanien-Panettoni zu Weihnachten.

Zu Kastaniennudeln (oder -Gnocchi oder -Polenta) verarbeitet, können Kastanien das ganze Jahr die italienische Küche bereichern. Zum Bierbrauen eignet sich das Kastanienmehl ebenso und verlängert auf diese Weise die Haltbarkeit der Kastanie. Dies findet sich auch in Frankreich. Das gilt noch mehr für Kastanienliköre. Sehr beliebt sind Kastaniencremes v.a. als Aufstrich oder für Backwaren. Hier haben sich feste Marken von Herstellern in den jeweiligen Ländern durchgesetzt.

In Abwandlung (fester, konzentrierter) ergab sich „La Marronata“ von Boschetti oder, versetzt mit Rohrzucker, eine eigene französische Nachspeise, genannt „La Trinquelinette“.

Die besten Kastaniencremes finden wir selbst in deutschen Delikatess-Geschäften. Auch Kastanienhonig wird wegen seiner besonderen Gesundheit bis in den hohen Norden sehr geschätzt. In St. Zeno di Montagna (am Gardasee) fanden sich geschälte Maroni in Honiggläser eingelegt. Noch besser sind glacierte Maroni in Honig. Eine deutsche Kastanienspezialität kommt aus der Pfalz (wo es Edelkastanienwälder gibt): Kastaniensenf mit einer ganz besonders milden Note, aber auch ein Kastanien-Chutney und ein -Pesto. So wird klar, dass es noch weitere Kastanien-Spezialitäten gibt, die wir nicht entdeckt haben. Die vorgestellten Produkte stehen meist für eine Vielzahl anderer Marken gleicher Inhaltsbezeichnung.

Kastanienmehl

(Maronenmehl, Edelkastanienmehl)

Gekochte, entschälte und gemahlene Esskastanien, fürs Backen mit Dinkelmehl gemischt.

Bezugsadresse: Kleine Abtei-Naturprodukte nach Hildegard von Bingen | Marcel Schulz | Feldstr. 30–32 | 47623 Kevelaer | www.kleine-Abtei.de

Kastanien-Nudeln

mit Dinkel

Bezugsadresse: Kleine Abtei-Naturprodukte nach Hildegard von Bingen | Marcel Schulz | Feldstr. 30–32 | 47623 Kevelaer | www.kleine-Abtei.de

Kastanienbrot

Ein saftiges, schmackhaftes Brot, auch am nächsten Tag noch frisch

Siehe Rezept Seite 66

Kastanienpanettone

... der Stolz italienischer Bäcker, v.a. zu Weihnachten, kann auch mit Kastanienmehl gebacken werden (mit 33% Dinkelmehl)

Bezugsadressen (bspw.):

- Andreas Mair, Konditormeister | Goldgasse 1 | 39010 Nals (Südtirol)
  Altes Rezept mit heimischen Kastanien, in dreitägiger Arbeit handwerklich hergestellt und liebevoll verpackt

- Schmidt GmbH | Kapuzinerstr. 3 | 39010 Lana (Südtirol) | Filialen benannt „Schmiedl" | u.a. Maria-Hilf-Str.12 | Lana (Südtirol) | Tel. 0039 0473 550 484

Foto: Ganesh Graphics

Kastanienherz

Feines Kastanienpüree in Herzform, mit Schokolade überzogen und frischer Sahne geschmückt (nur gekühlt haltbar).

Saisonal gefertigt von Bäuerin Hildegar Winkler auf ihrem Hof. Vertrieb auf dem Keschtnriggl (Kastanienfest) Lana, das ihr Vater wiederbegründet hat.

Bezugsadresse: Hildegar Winkler | Wiesenhof | Lana (Südtirol) | Tel. 0039 333 624286 | josefwinkler@tin.it

Kastanienpralinen

Eine Schale aus Milchkuvertüre mit Schokodeckel, gefüllt mit Kastanien-Canachecreme und Preiselbeergelee oder in Kugelform mit Schokoüberzug

Bezugsadressen:

- Andreas Mair | Konditormeister | Goldgasse 1 | 39010 Nals (Südtirol)
- Schmidt GmbH | Kapuzinerstr. 3 | 39010 Lana (Südtirol) | www.schmiedl.info
  Sie fertigen jedes Jahr neue Produkte zur Kastanie, z.B. auch eine Kastanienschnitte.
  Höchste handwerkliche Backkunst mit langer Fermentation aller Teige.

Kastaniencreme

Fruchtaufstrich Kastanie

Hoher Kastanienanteil von 75%, schonend gekocht, intensiver Geschmack, bei Alpe Pragas verfeinert mit den Aromen von frischer Vanille und Zimt

Ausgewählt aus einer großen Menge von Kastaniencremes:

Herstellung: Alpe Pragas | Ausserprags 38 | 39030 Prags (Südtirol) | www.alpepragas.com

Vertrieb: Dallmayr | Dienerstr. 14–15 | 80331 München

Alpe Pragas

Es lohnt sich, den Ort der Herstellung dieser einmaligen Kastaniencreme zu besuchen: Mitten in der Natur, neben einem alten Bauernhaus, aus dem Stefan Gruber, der Firmenchef, stammt. 1998 begann alles mit Beeren aus eigenem Anbau. Gruber stieß auf einen sehr aufnahmefähigen Markt. Ohne Studium, als echter Autodidakt und Selfmademan, baute er einen Musterbetrieb in Lebensmitteltechnik, Marketing, Produktdesign und Verkauf auf. So steht heute ein sehr attraktives Firmengebäude neben dem Stammhaus, erbaut aus der Natur in modernem Design. Mit 13 festen Mitarbeitern und vielen Saisonkräften, v.a. Studenten, bedient er heute viele Produktserien – alle in vorbildlicher Bioqualität und mit faszinierendem Geschmack. In der Produktion stehen modernste Maschinen, alles blitzblank und voll hygienisch. Große Investitionen in Technik und den Markt. Doch auch seine Kinder huschen durch den Shop. Stefan Grubers Frau Karoline ist seine beste Assistentin – ein Familienbetrieb.

Stefan Gruber

ALPE PRAGAS

Kastanienaufstrich à la France

Ein Kulturprodukt mit eigenem Kochbuch
und viel Kult aus der Ardèche

Bezugsadresse: Ets. Clément Faugier | Le Login du Roi | 07000 Privas/France | www.clementfaugier.fr

Kastaniensenf

Eine Pfälzer Spezialität, mildes, breites Aroma.

Anteil Esskastanien: 15%

Bezugsadresse: Timrott Feine Kost | Siedlungsstr. 4 | 76863 Herxheim bei Landau | www.sventimrott.de

Kastanienchutney

mit Preiselbeeren und in Rohrzucker gekochten Zwiebeln. Herzhaft süßes Aroma, Pfälzer Spezialität, ideal zu Käse und Wild

Kastanienpesto

mit weiteren würzigen Zutaten. Eine herzhafte Spezialität aus der Pfalz für Nudeln, Kartoffeln, Wild und Gemüse oder als Brotaufstrich

Bezugsadresse: Timrott Feine Kost (S. 49)

Kastanienbier

Anstelle von Gerste oder Weizen wird Kastanienmehl aus rohen Kastanien vermaischt.

An mehreren Orten Europas entstanden, wie in St. Zeno di Montagna, genannt „Castanea", unfiltriert 6% Alkohol. Beurteilung: Bier schmeckt voll (flüssiges Brot), leider wurde an Hopfen gespart (italienischer Biergeschmack) – aber doch ein Bier!

Bezugsadresse: Consorzio di Tutela del Marrone di San Zeno D.O.P. | Via Ca' Montagna 11 | San Zeno di Montagna (VR) | Tel. 0039 0457285017 | www.marronedisanzeno.it

Glasierte Maronen

Mit Zuckerguss überzogene Esskastanien, damit sie haltbar bleiben. Auch in Gläsern, mit Sirup aufgefüllt, sog. „castagne sciroppate".

Bezugsadressen:

- Azienda Agrimontana, S.P.A., | Via Camillo Benso Conte di Cavour | Localita Ponte Della Sale 185 | 12011 Borgo San Dalmazzo | CN (Piemont) Italien | www.agrimontana.com | Tel. 00390171 261157
- Agrimola S.p.A. | Via G.di Vittorio 30 | 40020 Casalfinmanese BO | Italien | Tel. 0039 0542 666072 (führend für Vermarktung frischer Esskastanien und tiefgefrorenem Obst. Bezug der Kastanien aus Emilia-Romagna, Piemont, Latium und Kampanien)

Kastanienhonig

Gesammelt aus den männlichen Blüten der Edelkastanienbäume. Dunkle Färbung, kräftiges, herbbitteres Aroma, reich an Fermenten. Bleibt lange flüssig wegen des hohen Fruchtzuckergehalts.

Bezugsadresse: Mieli Thun, Elena und Francesca Paternoster, Strada Conte Zdenko Thun 8, 38010 Ton (tn), Italien

Kastanienhonig aus Süditalien und der Toscana

Bezugsadresse: Imkerei & Bienenprodukte | Rüdiger Feldt | Lindenallee 1 | 22964 Eichede

In St. Zeno di Montagna wird ein Kastanienhonig angeboten, in dem geschälte Maronen eingelegt sind (Adresse wie S. 51). Noch besser wären glasierte Maronen zu verwenden

Mieli Thun

Inmitten einer großartigen Landschaft wirkt die Imkerei von Elena und Francesca Paternoster eher klein, das Haus traditionell. Doch innen ist alles bestens ausgebaut – bis unters Dach. Sechs Mitarbeiter kümmern sich um die Aufbereitung und Abfüllung der eintreffenden Waben. Alles bleibt sortenrein. Die Produktion erfolgt streng hygienisch. Es muss aber immer von Hand dazu geholfen werden, trotz modernster Technik.

Der Honig kommt aus ganz Italien, wo die Schwestern ihre Bienenvölker ansiedeln. Immer nahe den Monokulturen wie z.B. Kastanienwälder in Kalabrien. Francesca: „Wir sind Nomaden in der Gewinnung". Gerade ärgert sie sich, dass mehrere Bienenvölker an Herbiziden der Landwirte eingegangen sind. Die Bienenstöcke müssen laufend beobachtet und gewartet werden. Ein Mitarbeiter ist ständig unterwegs. In Thun (ital. Ton) lagert der zentrifugierte Honig in großen Bottichen so lange, bis sich alle Fremdkörper abgesetzt haben und der Honig gereift ist. Dann erst beginnt die Abfüllung in Gläsern und die Etikettierung, das Verpacken und Versenden. Mit Alpe Praga stehen die Schwestern in freundschaftlichem Kontakt. Wechselseitig finden sich ihre Produkte in den hauseigenen Shops. Der Showroom ist allerdings viel bescheidener als bei Stefan Gruber.

Die **Empfehlung** für den **Kastanienhonig**: zu Ricotta, Stracchino, Taleggio, Parmigiano und Reggiano (italienische Käsesorten).

Elena und Francesca Paternoster

Weitere Honigsorten im Angebot:
Erdbeerbaum, Erika, Eukalyptus, Fichte,
Götterbaum, Kirschblüten, Löwenzahn, Orangen,
Sonnenblumen, Süßklee, Wald und Wildblüten.

EMERGENCY
STOP

Maroni geschält

Luftdicht verpackt, nach dem Öffnen sofort zu verzehren (hohe Schimmelgefahr)

Bezugsadresse:

- Azienda Agrimontana, S.P.A., | Via Camillo Benso Conte di Cavour | Localita Ponte Della Sale 185 | 12011 Borgo San Dalmazzo | CN (Piemont) Italien | www.agrimontana.com | Tel. 00390171 261157

Kastaniensirup

für Mixgetränke

Bezugsadresse u.a. Giffard | Chemin du Bocade | ZA La Violette | 49240 Avrille | Tel. 00 33241 1885 00 | (Giffard hat auch einen Kastanienlikör)

Kastanienlikör

Eine Spezialität der Ardèche und des Burgunds (F)

Bezugsadresse: Frank Jacoulot | 546 Rue des Jacques | 71570 Romanèche-Thorins , Burgund/Frankreich | Tel. 0033 385 355185
Lokal gibt es weitere Anbieter, manche mit Barrique-Handabfüllung.

Mit Schaumwein, z.B. Claire de Die, entsteht ein Aperitif, genannt „Castagnou"

... eine Spezialität Südtirols

Bezugsadressen:

- Psenner | Bahnhofstr. 1 | 39040 Tramin a. d. Weinstraße | Tel. 0039 0471860178
- Mit Grappa veredelt: Privatdestillerie Unterthurner | Anselm-Pattis-Str. 14 | 39 020 Marling/Südtirol | Tel. 0039 0473 447186

Reinen Kastanienschnaps gibt es derzeit nur als Rezept, nicht aber im Handel

Marinierte Kastanien

Die Kastanie in der Küche

Esskastanien passen in Salate und selbst auf Pizzen. Sie sind eine interessante Beilage für Wildgerichte. Spitzenköche verwenden sie für Füllungen von Rinderbraten, Huhn, Gänsen und Truthähnen. Auch direkt als Vorspeise schmecken gedünstete Maroni vortrefflich, evtl. zusätzlich mit einem alten Balsamico noch veredelt. Viele Rezepte mit Kastanien zielen auf vegane Speisen ab, liegen also im Trend des Verzichts auf Fleisch. Dies wird getragen von der Vollwertigkeit der Ernährung mit Esskastanien bei guter Sättigung (s.S. 22).

Vortrefflich nimmt sich die Kastanie in Suppen aus, die dadurch zur Vollspeise werden können, verfeinert mit Ingwer, Curry, Sellerie oder Balsamico. Esskastanien können ebenso variantenreich zubereitet werden wie Kartoffeln.

Die meisten Rezepte mit Maronen finden sich für Nachspeisen, wozu häufig von Maronencreme ausgegangen wird. Das liegt an der natürlichen Süße der Maronen, wenn sich die Stärke in Zucker verwandelt hat.

Mit der angebrochenen Renaissance der Kastanie in der Küche werden viele alte Rezepte gesucht, dem Zeitgeschmack und den vielen neuen Möglichkeiten in der Küche angepasst. So finden sich Kastanien im Blätterteig von Enten-Terrinen oder in einer Steinpilz-Kastanien-Tarte. Hier muss aus Platzgründen auf die Kochbuch-Literatur des Schlusskapitels (s. S. 96) verwiesen werden, vorzugsweise die Rezepte von Claude Brioude in „Kastanie – Die ungekrönte Königin der Küche."

Maronen glasieren

Maronen eignen sich hervorragend als Beilage. Denn Esskastanien enthalten viel Stärke und ersetzen so Kartoffeln.

Zutaten

200 g	Maronen	60 ml	Wasser
50 g	Zucker		Butter (kalt)

Zubereitung

Schlitze die Maronen zuerst kreuzweise ein. Etwa anderthalb Zentimeter sollten der Einschnitt lang sein und und bis an das Fruchtfleisch reichen.
Anschließend die Maronen in leicht gesalzenem Wasser für etwa 20 Minuten kochen.
Wenn die Schale an den Einkerbungen weit aufgeplatzt ist, sind die Maronen fertig.
Dann können Sie sie noch etwas abkühlen lassen und die Schale entfernen.

Das Glasieren:
In einer trockenen Pfanne den Zucker langsam goldgelb schmelzen.
Mit Wasser aufgießen, aber NICHT UMRÜHREN, sondern einkochen lassen.
Geschälte Maronen zugeben, kurz erwärmen und ein größeres Stück kalte Butter zugeben.
Maronen einkochen lassen und dadurch glasieren.

Kastanienbrot

Arbeitszeit	15 Minuten
Backzeit	15 Minuten
Stockgare	**Vorteige:** 8–12 Std.
	Hauptteig: 60–90 Min.
	Stückgare: 30–40 Min.
Backdauer	45–50 Minuten
Backtemperatur	250–200 °C Ober-/Unterhitze, fallend

Zutaten

Brühstück

70 g	Kastanienmehl, glutenfrei
150 g	Wasser

Vorteig

130 g	Kastanienmehl, glutenfrei
130 g	Wasser
1 g	Frischhefe

Hauptteig

	Brühstück
	Vorteig
300 g	Ruchmehl Weizenmehl Type 1050
10 g	Salz
10 g	Frischhefe
80–150 g	Wasser

Zubereitung

Brühstück

Das Wasser aufkochen und mit dem Mehl gut verkneten.
Danach das Brühstück zugedeckt bei Raumtemperatur zwischen 8–12 Std. auskühlen lassen.

Vorteig

Alle Zutaten in eine Schüssel geben und gut vermischen.
Danach den Vorteig zugedeckt bei Raumtemperatur zwischen 8–12 Std. gären lassen.

Hauptteig

Alle Zutaten in die Küchenmaschine geben und 2–3 Min. kneten.
Danach die Geschwindigkeit erhöhen und den Teig zirka 10–12 Min. bei mittlerer Geschwindigkeit kneten.
Anschließend den Teig in ein leicht gefettetes Becken legen, mit einem Teigtuch (Gärfolie) zudecken und für 60–90 Min. bei Raumtemperatur gären lassen.

Formen

Nach der Gärzeit den Teig auf eine bemehlte Arbeitsfläche geben und 2–3 x über die Arbeitsfläche schleifen, um eine glatte Oberfläche zu erhalten.

(Fortsetzung S. 68)

Kastanienbrot (Fortsetzung von S. 66)

Dabei den Teig mit den Fingern von einer Seite zur Mitte ziehen und leicht andrücken. Diesen Vorgang von allen Seiten wiederholen und den Teig immer wieder in die Mitte falten.
Danach den Teig umdrehen (glatte Seite liegt nun oben), die Hände vasenförmig darumlegen und mit leichtem Druck auf der Tischplatte drehen, bis das Teigstück unten geschlossen ist. Es ist von Vorteil, wenn sich dabei im Teigstück etwas Spannung aufbaut.
Tipp: Damit sich die Teigkugel am unteren Ende gut verschließt, sollte bei diesem Arbeitsschritt kein oder nur ganz wenig Mehl verwendet werden.
Anschließend die Teigkugel leicht bemehlen und dann etwa ein Drittel der Kugel mit einem Wallholz abdrücken und dünn auswallen.
Diese Teiglasche am Rand mit etwas Öl bestreichen und die Teigkugel leicht mit Wasser bepinseln.
Danach die Teiglasche auf die Teigkugel klappen.
Daraufhin einen runden Gärkorb mit Bezug leicht mit Kastanienmehl bestreuen und die Teigkugel mit dem Verschluss nach unten darin absetzen.
Den Teigling mit einem Teigtuch (Gärfolie) zudecken und für 30-40 Min. bei Raumtemperatur aufgehen lassen.
In der Zwischenzeit den Backofen mit einem Brotbackstein oder einem leeren Blech und einer feuerfesten Schüssel in der unteren Hälfte des Ofens auf 250 Grad Ober-/Unterhitze vorheizen.

Backen

Nach der Garzeit den Teigling mit dem Verschluss nach oben auf eine bemehlte Brotschaufel stürzen und leicht mit Kastanienmehl bestreuen.
Den Teigling direkt auf den heißen Backstein oder das heiße Blech im Ofen abschieben und in die oberste Rille ein umgekehrtes Backblech einschieben.
Danach in die feuerfeste Schüssel zirka 1-2 dl Wasser für den Dampf gießen und das Brot für etwa 20 Min. backen.
Nach 20 Min. das obere Backblech und die Schüssel mit dem Wasser aus dem Ofen nehmen, die Ofentemperatur auf 200 Grad reduzieren und das Brot für weitere 25–30 Min. knusprig ausbacken.
Direkt nach dem Backen das Brot auf einem Gitter auskühlen lassen.

Maronensuppe

Maronen eignen sich besonders für eine leckere Suppe an kalten Herbst- oder Wintertagen.

Dazu werden die Maronen in kleine Stücke geschnitten und zusammen mit kleingehackten Zwiebeln in etwas Butter angebraten. Dann ausreichend Brühe und eventuell etwas Sahne hinzufügen und etwa 15 Minuten köcheln lassen. Anschließend werden die Maronen mit einem Stabmixer püriert und mit Salz und Pfeffer abgeschmeckt.

Die Maronen lassen sich auch sehr gut mit Kürbis kombinieren oder etwas frisch gepressten Orangensaft hinzufügen.

Kastanien-Zwiebel-Suppe mit Rotwein von 4*

Zutaten

2 EL	Olivenöl, extra vergine
1	mittelgroße Zwiebel
reichlich	frischer Rosmarin, Nadeln abgestreift oder
1 Bund	Thymian, Blättchen abgezupft
400–450 g	gekochte Kastanien aus dem Glas oder 400–450 g tiefgekühlte Kastanien
100–150 ml	kräftiger Rotwein
1 l	Gemüse- oder Hühnerbrühe
	frisch gemahlener Pfeffer
100 ml	Schlagrahm/geschlagene Sahne
	Mandarinenöl zum Beträufeln
	Thymianblättchen zum Bestreuen

Zubereitung

1 Die Zwiebel schälen und hacken, im Olivenöl braun und knusprig braten. Rosmarin oder Thymian zufügen und kurz dünsten, die Kastanien und den Rotwein zugeben, kurz köcheln lassen. Mit der Gemüse- oder Hühnerbrühe auffüllen, aufkochen, bei schwacher Hitze kochen, bis die Kastanien weich sind. Die Suppe durch ein Sieb streichen oder pürieren.

2 Kastaniensuppe anrichten, mit dem Schlagrahm garnieren, mit einigen Tropfen Mandarinenöl abrunden. Mit Thymianblättchen bestreuen.

Zum Rezept

Dieses Suppenrezept ist ein Highlight bei Kochkursen und Events. Ursprünglich wurde die Suppe immer mit Rosmarin zubereitet – als eines Tages aber nur Thymian verwendet wurde, schmeckte sie noch besser als mit Rosmarin. Probieren Sie es am besten selbst aus! Das Mandarinenöl mag etwas exotisch sein, aber die Suppe schmeckt hervorragend.

* Die Quellenziffer bezieht sich auf S. 96

Zucchini mit Kastanien-Champignon-Füllung von ③*

Zutaten

300 g	geschälte Kastanien	200 g	Champignons, gehackt
4	mittelgroße Zucchini	1 Bund	Petersilie, fein gehackt
2 EL	kaltgepreßtes Olivenöl		Pfeffer aus der Mühle
1	Zwiebel, fein gehackt	1 Prise	Paprikapulver
1	durchgepresste Knoblauchzehe	1 Prise	Muskatnuss
1 TL	getrocknete Kräuter der Provence		

Zubereitung

Kastanien im Dampf rund 12 Minuten garen. Auskühlen lassen, fein hacken.
Die Zucchini längs halbieren und mit dem Kugelausstecher aushöhlen. Das Zucchini-Fleisch fein hacken.
Ofen auf 200 Grad vorheizen.
Zwiebeln und Knoblauch im Olivenöl anschwitzen. Kräuter der Provence und Zucchinifleisch dazugeben und mit anschwitzen. Gehackte Pilze und Kastanien sowie Petersilie dazugeben und kurz mitdünsten. Würzen.
Zucchinihälften mit der Kastanienmasse füllen. In einer gebutterten Gratinform im Ofen auf mittlerem Einschub 10 bis 15 Minuten backen.

* Die Quellenziffer bezieht sich auf S. 96

Kastanien-Salbei-Ragout von 3*

Zutaten

2	kleine Zwiebeln	800 g	geschälte Kastanien
4 EL	kaltgepresstes Olivenöl, extra vergine	0,5 l	Vollmilch
			Kräutermeersalz
			Pfeffer aus der Mühle
30	Salbeiblätter, fein geschnitten		

Zubereitung

Die fein gehackten Zwiebeln im Olivenöl anschwitzen.
Die fein geschnittenen Salbeiblätter dazugeben und mit anschwitzen.
Die Kastanien dazugeben und das Ganze auf kleinem Feuer 5 Min. dünsten. Die Zwiebeln dürfen nicht braun werden.
Mit der Milch ablöschen. Mit Salz und Pfeffer würzen. Aufkochen lassen und auf kleinem Feuer 8 bis 10 Minuten zugedeckt köcheln lassen.

Achtung: Möglichst nicht rühren, damit die Kastanien nicht zerfallen. Das Ragout sollte schön feucht sein. Wenn die Früchte viel Flüssigkeit aufnehmen, muss noch etwas Milch nachgegossen werden.

Tip: Das Ragout ist zusammen mit Gemüse und Salat eine komplette Mahlzeit. Als Beilage zu Reis reicht die halbe Rezeptmenge.

* Die Quellenziffer bezieht sich auf S. 96

Rindfleischstreifen mit Kastanien und dünn geraspeltem Monte-Veronese-Käse von ❷*

Zutaten (für 4 Personen)

300 g	in Streifen zerkleinertes Rindfleisch
100 g	gekochte Kastanien
30 g	Monte-Veronese-Käse in Flocken
1	frisches Brot
	Eisbergsalat und/oder roter Chicorée
	Natives Olivenöl nach Geschmack
	Petersilie nach Geschmack

Zubereitung

Das Innere eines Brötchens entfernen, mit etwas Olivenöl einfetten und im Ofen toasten.
Die untere konkave Brötchenseite auf einer Lage zuvor geschnittenem Salat nach Belieben anrichten und mit den geschnittenen Streifen Rindfleisch, den gekochten Kastanien und einer Handvoll Monte-Veronese-Käseflocken auffüllen.
Zum Garnieren das Gericht nach Belieben mit gehackter Petersilie bestreuen.

* Die Quellenziffer bezieht sich auf S. 96

Kastanien-Gnocchi mit Kürbis und Specksalami von 2*

Zutaten (für 4 Personen)

500 g	Kartoffeln		Frische Specksalami
500 g	gekochte Kastanien	200 g	Kürbis
2	Eier		Natives Olivenöl nach Geschmack
	Salz und Pfeffer nach Geschmack		Butter nach Geschmack
	Mehl nach Geschmack		

Zubereitung

Kartoffeln kochen, schälen und, so lange sie noch heiß sind, mit dem Kartoffelstampfer zerdrücken. Die geschälten und gekochten Kastanien ebenfalls zerdrücken. Eier, Salz und Mehl hinzufügen, sodass ein für das Formen der Gnocchi geeigneter Teig entsteht.

Den Kürbis separat waschen, halbieren, entkernen, in Stücke schneiden und in einer Pfanne mit etwas Öl anbraten. Mit Salz abschmecken und mit wenig Wasser kochen. Den Kürbis nach dem Garen pürieren, bis eine glatte und homogene Creme entsteht.

Die Gnocchi in reichlich Salzwasser garen. In der Zwischenzeit die Specksalami mit etwas Butter anbraten, die Gnocchi abtropfen lassen und leicht in der Pfanne mit der Specksalami schwenken. Zum Schluss die Kürbiscreme dazugeben, alles vermischen und heiß mit einer Prise Pfeffer abschmecken.

* Die Quellenziffer bezieht sich auf S. 96

Mit Kastanien gefülltes Perlhuhn von 2*

Eine italienische Weihnachtsspezialität

* Die Quellenziffer bezieht sich auf S. 96

Zutaten

1	Perlhuhn ohne Knochen	1	Ei
100 g	Kastanienmehl	200 g	Kastanien
50 g	Mehl Typ 00		Weißwein
50 g	Semmelbrösel		Salz und Pfeffer nach Geschmack

Zubereitung

Alle Zutaten für die Füllung miteinander mischen und das knochenlose Perlhuhn damit füllen.

Im vorgeheizten Ofen bei niedriger Temperatur ca. 1 Stunde backen lassen. Nach Belieben mit Weißwein beträufeln.

Kaninchen mit Kastanien von ❷*

Zutaten (für 6 Personen)

1	Kaninchen ca. 1,3 kg	30 g	Butter
250 g	Kastanien		Natives Olivenöl nach Geschmack
1/2	Zwiebel, fein gehackt	400 g	Tomatenmark

* Die Quellenziffer bezieht sich auf S. 96

Zubereitung

Kaninchen in kleine Stücke schneiden. Die feingehackten Zwiebel in einem Topf mit dem Öl und der Butter anbraten und die zuvor gerösteten Kastanien dazugeben. Die Kaninchenstücke in der Sauce bis zur leichten Einfärbung garen und das Tomatenpüree hinzufügen. Nach Geschmack Salz und Pfeffer anpassen.

Bei niedriger Hitze etwa 50 Minuten lang kochen oder so lange, bis das Fleisch vollständig gekocht ist.
Wenn die Sauce während des Kochens zu dickflüssig werden sollte, einfach etwas Gemüsebrühe hinzugeben.

Kastanien-Bananen-Creme von 4*

Zutaten

200 g	ungesüßtes Bio-Kastanienpüree	200 ml	Rahm/Sahne
1–2	kleine Bananen		Heidelbeeren oder Himbeeren für die Garnitur
2–4 EL	Vollmilchquark		Kastanienlikör nach Belieben
1 Msp	Vanillepulver		
1/2	Orange, Saft		

Zubereitung

Kastanienpüree, zerkleinerte Bananen, Quark, Vanillepulver und Orangensaft fein pürieren. Den Rahm steif schlagen und unterziehen.

Kastanien-Bananen-Creme in Dessertschalen füllen, mit Früchten garnieren. Nach Belieben mit Kastanienlikör beträufeln. Mit frischen Früchten bestreuen, nach Belieben mit Kastanienlikör beträufeln.

Schlagrahm unterziehen und die Creme mit einem Esslöffel portionieren. Eventuell mit Schokoladesauce servieren.

* Die Quellenziffer bezieht sich auf S. 96

Tessiner Kastanien-Schoko-Mousse von 4*

Zutaten

100 g	Zartbitter-Schokolade (dunkle Schokolade)
1–2 EL	Wasser
400 g	gesüßtes Bio-Kastanienpüree
200 g	Mascarpone
6 EL	Kastanienlikör oder Amaretto
1/2 TL	Vanillepulver
4	Orangen
	Kastanienlikör

Zubereitung

Die Schokolade zerbröckeln, mit dem Wasser in ein kleines Gefäß geben, in einer Pfanne über dem kochenden Wasser unter ständigem Rühren schmelzen.
Schokolade, Kastanienpüree und Mascarpone glatt rühren, mit Kastanienlikör und Vanillepulver aromatisieren.
Die Kastanienmasse in eine Tiefkühldose füllen, im Tiefkühler fest werden lassen.
Für die Garnitur zwei Orangen dünnschalig abschälen (ohne weiße Häutchen), Schalen in Streifchen schneiden. Die Orangen großzügig schälen und die Fruchtfilets vorsichtig aus den Trennhäutchen lösen und entkernen.
Von der Mousse mit einem Eisportionierer (immer wieder in heißes Wasser tauchen) Kugeln abstechen, mit den Orangenfilets auf Tellern anrichten, mit Kastanienlikör beträufeln und den Orangenschalenstreifchen garnieren.

Variante

Bei Verwendung von ungesüßtem Kastanienpüree etwa 80 g feinen Rohrohrzucker unter die Masse rühren.

Zum Rezept

Die Mousse wurde von einem Tessiner Restaurateur kreiert. Sie muss nicht unbedingt gefroren werden. Es kann wenig Schlagrahm untergezogen werden und die Creme mit einem Esslöffel portioniert werden. Eventuell mit Schokoladensauce servieren.

* Die Quellenziffer bezieht sich auf S. 96

Birne mit Kastanienmousse von 4*

Zutaten für 6–8 Personen

3–4	große, reife Williamsbirnen
150 g	Mascarpone
200 g	gesüßtes Bio-Kastanienpüree
100 g	Zartbitter-Schokolade
1 EL	Kastanienlikör

nach Belieben

1 Prise	Vanillepulver
250 g	Rahm/Sahne
	Schokoladenspäne

Zubereitung

Die Schokolade zerbröckeln, in der Moulinette oder im Mixerglas fein hacken. Den Rahm steif schlagen.
Mascarpone, Kastanienpüree, Likör und Vanillepulver miteinander verrühren. Die zerbröckelte Schokolade und den Rahm unterrühren. Die Mousse mindestens 2 Stunden kühl stellen.
Birnen schälen, halbieren, das Kerngehäuse entfernen, im Dampf nicht zu weich garen. Abkühlen lassen.
Die Birnenhälften auf Tellern anrichten. Von der Mousse mit einem Eisportionierer (immer wieder in heißes Wasser tauchen) Kugeln abstechen, auf die Birnen setzen. Mit den Schokospänen garnieren.

Tipp: Die Mousse kann auch tiefgekühlt werden.

* Die Quellenziffer bezieht sich auf S. 96

Biskuitroulade mit Kastanien-Sahne-Füllung von ❸*

Zutaten

Biskuit

100 g	Dinkelvollkornmehl
75 g	Kastanienmehl
1 TL	Weinsteinbockpulver
1 Prise	Vanillepulver
1 Prise	Meersalz
4	Eigelb
50 ml	lauwarmes Wasser
100 g	Akazienhonig
4	Eiweiß

Füllung

200 g	Schlagsahne/Rahm
1–2 EL	Kastaniencreme
wenig	Kastanienlikör

Zubereitung

Ofen auf 220 Grad vorheizen.
Den Rücken eines rechteckigen Backblechs mit Backpapier belegen.
Dinkel- und Kastanienmehl, Backpulver, Vanillepulver und Salz mischen.
Eigelb, Wasser und Honig mit dem Handrührgerät oder dem Schneebesen mindestens 10 Minuten lang cremig aufschlagen. Die Masse muss weiß sein.
Das Eiweiß zu Schnee schlagen.
Mehl und Eischnee mit einem Holzlöffel abwechselnd vorsichtig unter die Eigelbmasse heben.
Den Teig auf dem Backpapier zu einem Rechteck ausstreichen.
Das Biskuit auf mittlerem Einschub 13 Minuten, bei Umluft 10 Minuten backen.
Das Biskuit auf ein mit Vollrohrzucker bestreutes Geschirrtuch stürzen und mit dem warmen Blech decken. 5 Minuten auskühlen lassen, dann die Roulade mit Hilfe des Tuchs aufrollen und vor dem Füllen ganz abkühlen lassen.
Für die Füllung die Sahne sehr steif schlagen. Die Kastaniencreme darunterrühren. Mit wenig Kastanienlikör abschmecken.
Das ausgekühlte Biskuit flach auslegen. Die Sahnemischung auf das Biskuit streichen. Aufrollen. Mit einem scharfen Messer in Scheiben schneiden.

* Die Quellenziffer bezieht sich auf S. 96

Maronen-Parfait mit Rumschokoladenherz und Vanille-Kakisauce

von *

Zutaten (für 4 Personen)

Für das Parfait

150 g	Zucker
250 g	Maronen-Shake
100 g	flüssige Sahne
2	Eier
2	Eiweiß

Für die Kakisauce

4	Kaki-Früchte
100 g	Puderzucker
2 Beutel	Vanille

Für das Schokoladenherz

50 g	Zucker
100 g	Schokolade
100 g	flüssige Sahne
50 g	Rum

Zubereitung

Für die Kakisauce: Die 4 Kaki zusammen mit Zucker und Vanille durch die Gemüsemühle passieren.
Für das Schokoladenherz: Die Sahne zum Kochen bringen. Danach Zucker, Schokolade und Rum hinzufügen.

Das Eigelb mit dem Zucker bearbeiten, den Maronen-Shake dazugeben und alles gut mischen. Das Eiweiß steif rühren und die Sahne separat aufschlagen.
Beides in den Maronen-Teig einarbeiten.
Die ausgewählten Einzelformen mit der erhaltenen Mischung auffüllen; mit Hilfe einer Gebäcktasche die Schokolade mit Rumgeschmack einfach in der Mitte einfügen und für einige Stunden im Gefrierschrank lassen.

* Die Quellenziffer bezieht sich auf S. 96

Maronen-Pannacotta

von Sterneköchin Sonia Peronaci

Zutaten für 6 kleine Gläser à 130 ml

Für die Pannacotta

200 g	frische Vollmilch
200 g	frische flüssige Sahne
10 g	Kristallzucker
170 g	gekochte, geschälte Kastanien
50 g	Kastanienhonig
6 g	essbare Gelatine

Gesalzene Karamellsauce

100 g	Kristallzucker
30 g	Wasser
100 g	frische flüssige Sahne
90 g	Butter
3 g	Maldon-Meersalz

Zum Garnieren

60 g	frische flüssige Sahne
1 Tl	Puderzucker
15 g	zerstückelte, glasierte Maronen

Zubereitung

Pannacotta: Die Maronen mit einem kleinen Messer einritzen und in einem Schnellkochtopf für 20 Minuten ab dem Erklingen des Pfeiftons kochen. Sobald sie fertig gekocht sind, abtropfen lassen und erst lauwarm schälen. – Die essbare Gelatine in sehr kaltem Wasser für mindestens 10 Minuten einweichen. Währenddessen die Milch zusammen mit der Sahne, dem Honig und dem Zucker in einem Topf erhitzen und erst dann das gut abgetropfte Gelee dazugeben. – Die gekochten und geschälten Kastanien hinzufügen, dann mit einem Tauchmixer alles gut mixen, bis eine glatte, feine und klumpenfreie Mischung entsteht. Die Mischung in 6 kleine Gläser aufteilen und im Kühlschrank für mindestens 2-3 Stunden fest werden lassen.

Gesalzene Karamellsauce: In einem hohen Kochtopf mit festem Boden Zucker und Wasser zusammengeben und mit einem Stahllöffel mischen, damit er sich gut auflöst. So lange mischen, bis der Zucker karamellisiert ist und eine schöne Bernsteinfarbe bekommt. – Die Flüssigsahne erhitzen und langsam in den Karamell eingießen, wobei kontinuierlich gerührt werden muss, um die Bildung von Karamellklumpen zu vermeiden. Anschließend die Hitzezufuhr abschalten und das Salz gemeinsam mit der Butter unter weiterem Rühren hinzufügen. Ihre gesalzene Karamellsauce ist fertig! – Abkühlen lassen und, sobald die Karamellsauce kalt ist, gleichmäßig in die Gläser gießen. – Die aufgefüllten Gläser erneut im Kühlschrank kaltstellen.

Garnieren und servieren: Die Sahne mit dem Puderzucker zusammen aufschlagen und in eine, mit Sternendüse ausgestattene Gebäcktasche einfüllen. Beim Ausdrücken der Sahne in die Gläser kleine, dekorative Sahne-Büschel bilden, auf die zum Schluss die zerbröckelten, glasierten Maronen platziert werden.
Genießen Sie die Pannacotta in ihrer ganzen Qualität!

Literatur

1 

LWF-Wissen Nr. 81
Beiträge zur Edelkastanie
Bayerische Landesanstalt für Wald und Forstwirtschaft, 2018

2 

Il Ricettario del Marrone di San Zeno,
Consorzio di Tutela del Marrone di San Zeno D.O.P. Via Ca Montagna 11, 37010 San Zeno di Montagna, 2013

3 

Erica Bänzinger
Das Kastanien-Kochbuch
Midena Verlag/Weltbild Verlag, 1996,
ISBN 3-310-00265-9

4 

Erica Bänzinger / Fredy Buri
Kastanien
Fona Verlag, 2003,
ISBN 978-3-03780-366-0

5 

Cornelia Haller Zingerling
Kastanien – Geschichte und Genuss
Arthesia Spectrum, 2006
ISBN 88-6011-052-1

6 

Rainer Schillings/Ansgar Pudenz
Kastanie – die ungekrönte Königin der Küche
Mit Rezepten von Claude Brioude
99 pages Verlag, 2011, ISBN 978-3-942518-13-0

7 

Karin Longariva
Das kleine Kastanien-Kochbuch
Ed. Löwenzahn, 1998
ISBN 3-7066-2134-7

8 

Sandra Mahut
Crème de Marrons – les 30 recettes cult
Hachette Livre (Marabout), 2011
ISBN 978-2-501-07316-5

Impressum

Verlag und Gesamtherstellung
KASTNER AG, Schlosshof 2-6, 85283 Wolnzach
ISBN 978-3-948677-00-8

Text & Gestaltung Eduard Kastner | **Lektorat** Regina Stein | **Fotos** Judith Banerjee, Eduard Kastner, Alpe Pragas, www.keschtnriggl.it, Ganesh Graphics